Vorwort

Willkommen in der zauberhaften Welt der Wichtel! Begleite die fröhlichen Wesen durch die vier Jahreszeiten und lass dich von ihrer Freude inspirieren. Entdecke, wie sie im Frühling durch blühende Blumenwiesen tanzen, sich im Sommer am Wasser erfrischen, im Herbst in buntem Laub spielen oder gegen Ende des Jahres sehnsüchtig das Winterfest erwarten.

Während du die Seiten mit deinen Farben zum Leben erweckst, kannst du den Alltag hinter dir lassen und in eine Welt der Entspannung und inneren Ruhe eintauchen.

Auf den linken Seiten findest du inspirierende Sprüche, die dich auf deiner Ausmalreise begleiten werden. Diese kleinen Weisheiten erinnern dich daran, die schönen Momente des Lebens zu schätzen und Freude in den einfachen Dingen zu finden.

Also schnapp dir deine Lieblingsstifte und los geht's!

Farbstifte

Farbstifte, auch Buntstifte genannt,
gibt es in unterschiedlichen Größen,
Dicken und Härten.

Aquarellstifte sehen wie Buntstifte
aus, sind aber mit Wasser vermalbar.
So lassen sich schöne Aquarelleffekte
erzielen.
Du solltest darauf achten, nicht zu viel
Wasser zu verwenden, um wellende
Seiten zu vermeiden.

Aquarellmarker sehen wie Filzstifte aus, haben
aber eine weiche, pinselartige Spitze und
eignen sich daher gut für weiche Übergänge
oder Hintergründe. Wenn sie getrocknet sind,
kann man auch mit dem Buntstift nacharbeiten.

Teste deine Farbstifte

Hier ist Platz, um deine Stifte und mögliche Farbkombinationen auszuprobieren.

Kräftig & Zart

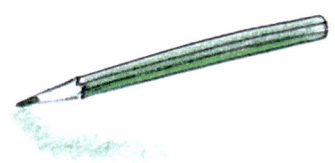

Flacher Winkel

Bei einem flachen Winkel
ist weniger Druck möglich.
Die Farbe ist heller.

Steiler Winkel

Bei einem steilen Winkel kann
mehr Druck ausgeübt werden.
Die Farbe wird kräftiger.

Mit zunehmendem Druck
wird die Farbe kräftiger.

 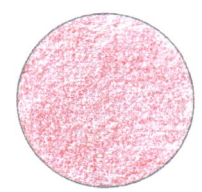  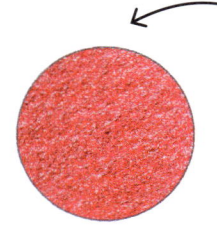

Wenn du mit sanftem
Druck mehrere Schichten
übereinander malst,
erhältst du mehr Tiefe.

TIPP: Je weiter vorne du den Stift hältst, desto
leichter kannst du feine Details malen.

Farbauftrag und Schraffur

Je nachdem, wie du die Flächen gestalten möchtest, kannst du unterschiedliche Schraffuren nutzen.

Die Schraffur kannst du an das Motiv anpassen. Hier folgen die Striche den Rundungen des Astes. Unten deuten waagrechte Striche den Boden an.

Die Zipfelmütze wurde mit Kreuzschraffur ausgearbeitet.

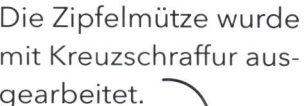

Mit weichen Stiften kannst du besonders gut sanfte Übergänge von transparent bis deckend erzeugen.

Zum Nachziehen von Konturen sind Stifte mit harter Mine ideal.

Primär- und Sekundärfarben

Sekundärfarben

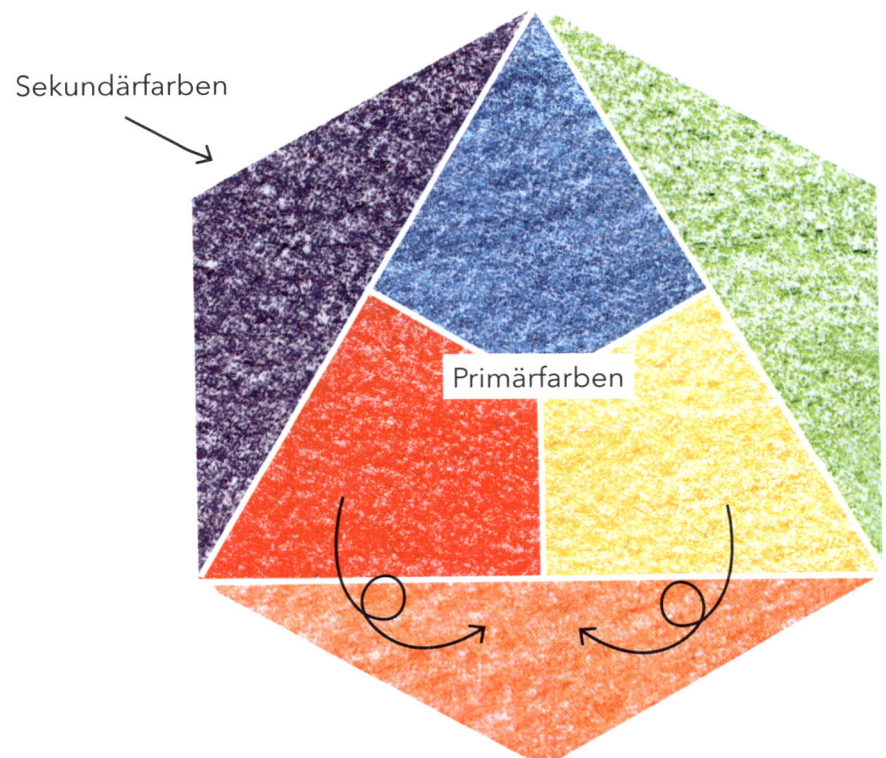

Primärfarben

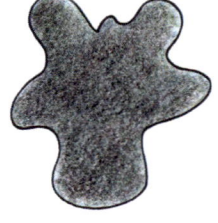

Alle Farben außer
Schwarz, Weiß und
Erdtöne lassen sich
aus den Primärfarben
mischen.

Zwei Primärfarben vermischt
ergeben eine Sekundärfarbe.

Alle drei Primär-
farben vermischt
ergeben ein
dunkles Grau.

Komplementärfarben

Farben, die sich im Farbkreis gegenüberstehen, nennt man Komplementärfarben.

TIPP: Direkt nebeneinander ergeben Komplementärfarben einen Farbkontrast. Das wirkt z.B. belebend.

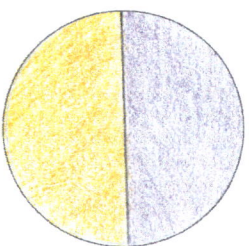

Gelb & Lila

Rot & Grün

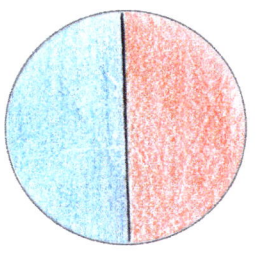

Orange & Blau

Der Komplementärkontrast ist der stärkste Farbkontrast.

Warme & Kalte Farben

Kalte Farben wirken ruhig
und distanziert.

Warme Farben wirken
lebendig und anregend.

Je mehr Blauanteile eine
Farbe hat, desto kälter wirkt
sie. Mehr Rotanteil wärmt
die Farbe auf.

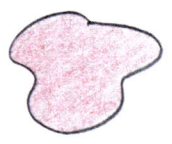

Kaltes Pink

Warmes Pink

Kalte Farben lassen sich „aufwärmen".

kalte Farbe auftragen

warme Farbe leicht
darüber arbeiten

Ebenso lassen sich warme Farben „abkühlen".

warme Farbe auftragen

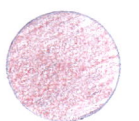

kalte Farbe leicht
darüber arbeiten

Bildtiefe & Dreidimensionalität

Licht und Schatten machen ein Motiv plastisch und lebendig.

Licht

Highlight

Schatten

Schlagschatten

reflektierendes Licht

Licht

Schatten

Durch das Zusammenspiel verschiedener Farbtöne kannst du auch Effekte, wie z.B. changierende, glänzende Stoffe darstellen.

Glanzlichter

Glanzlichter machen ein Bild lebendiger und heller.

Sobald ein Objekt im Licht ist, gibt es Lichtreflexionen, also kleine, helle Stellen.

Schatten

Natürlich werfen auch andere Objekte Schatten, aber das kann das Bild schnell zu voll wirken lassen.

Wenn du erstmal ohne Schlagschatten ausmalen möchtest, dann denk dir einfach einen bewölkten Himmel in der Wichtelwelt.

Hintergrund gestalten

Auch wenn im Hintergrund keine Baumkontur vorgezeichnet ist, kannst du mit dem Buntstift weitere Baumstämme andeuten.

Du kannst den Hintergrund aber auch in zartem Grün ausmalen, denn im Wald herrscht oft ein diffuses, grünes Licht.

ÖFFNE DICH FÜR DEINE

Träume, DAMIT SIE IN

Erfüllung

GEHEN KÖNNEN.

Frühling

MANCHMAL MUSS MAN ES

EINFACH SO LANGE REGNEN LASSEN,

BIS DIE *Sonne*

WIEDER *scheint.*

PERFEKT LÄUFT ES IM LEBEN NIE.
ABER ES GIBT
Menschen, DIE
Augenblicke
PERFEKT MACHEN.

DIE WERTVOLLSTEN

Erinnerungen

FANGEN MIT Mut AN.

DIE WAHRE LEBENSKUNST

BESTEHT DARIN, IM

Alltäglichen

DAS Wunderbare

ZU SEHEN.

Pearl S. Buck

Ausmalen & Entspannen

Colorful World Weltreise
– Reise durch Spanien
Ausmalen & entspannen
ISBN 978-3-7358-8143-4
96 S., SC, € (D) 12,99

Colorful World –
Reise um die Welt
ISBN 978-3-7358-8070-3
96 S., SC, € (D) 12,99

Colorful World –
Reise durch Italien
ISBN 978-3-7358-8108-3
96 S., SC, € (D) 12,99

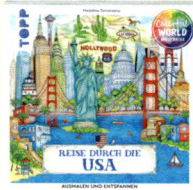

Colorful World –
Reise durch die USA
ISBN 978-3-7358-8109-0
96 S., SC, € (D) 12,99

Colorful World - Die
große Weltreise
In 22 Städten um die
Welt ausmalen & ent-
spannen
ISBN 978-3-7358-8144-1
48 S., SC, € (D) 14,99

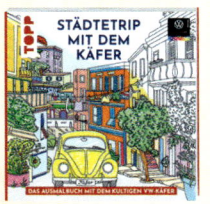

Colorful World - Städte-
trip mit dem VW Käfer
ISBN 978-3-7358-8033-8
96 S., SC, € (D) 14,00

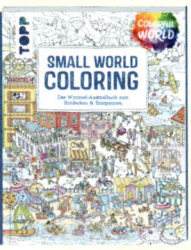

Colorful World –
Small World Coloring
ISBN 978-3-7358-8004-8
80 S., HC, € (D) 12,00

Pia Pedevillas Blüten-
träume | Ausmalen &
entspannen
ISBN 978-3-7358-8169-4
48 S., SC, € (D) 18,00

Das inoffizielle Studio
Ghibli Ausmalbuch
42 Ausmalmotive zu den
berühmten Filmen
ISBN 978-3-7358-8146-5
96 S., SC, € (D) 15,00

Das offizielle Funko Pop!
Harry Potter Ausmalbuch
64 Seiten mit Motiven
aus den Harry Potter
Filmen im Funko Pop!-Stil
ISBN 978-3-7358-8147-2
64 S., SC, uvPE € 14,99

Lesezeichenliebe Ro-
mance | 100 einzigartige
Bookmarks zum Aus-
malen und Ausschneiden
ISBN 978-3-7358-8168-7
80 S., SC, € (D) 12,99

Lesezeichenliebe Fantasy
100 einzigartige Book-
marks zum Ausmalen
und Ausschneiden
ISBN 978-3-7358-8167-0
80 S., SC, € (D) 12,99

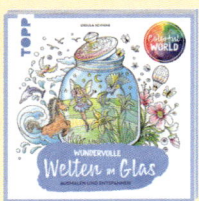

Colorful World - Wundervolle Welten im Glas
ISBN 978-3-7358-8107-6
96 S., SC, € (D) 12,99

Colorful World - Im Fluss der Jahreszeiten
ISBN 978-3-7358-8097-0
96 S., SC, € (D) 12,99

Colorful World - Traumhaftes Blütenglück
ISBN 978-3-7358-8096-3
96 S., SC, € (D) 12,99

Colorful World - Quelle der Gelassenheit
ISBN 978-3-7358-8077-2
96 S., SC, € (D) 12,99

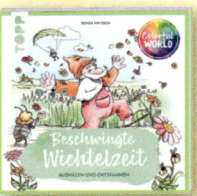

Colorful World - Beschwingte Wichtelzeit
Ausmalen & entspannen
ISBN 978-3-7358-8127-4
96 S., SC, € (D) 12,99

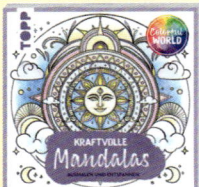

Colorful World - Kraftvolle Mandalas
Ausmalen & entspannen
ISBN 978-3-7358-8152-6
96 S., SC, € (D) 12,99

Christl Vogls Ausmalreise - Die schönsten Märchen | Ausmalen & träumen
ISBN 978-3-7358-8150-2
96 S., SC, € (D) 12,99

Colorful World - Heute ist mein Lieblingstag
ISBN 978-3-7358-8056-7
96 S., SC, € (D) 12,99

Colorful World – Energie & Lebensfreude
ISBN 978-3-7724-4726-6
192 S., SC, € (D) 18,00

Colorful World - Regenbogen
ISBN 978-3-7724-4716-7
96 S., SC, € (D) 12,00

Colorful World - Blütenliebe
ISBN 978-3-7724-4715-0
144 S., SC, € (D) 12,00

Colorful World – Glück & Zufriedenheit
ISBN 978-3-7724-4797-6
96 S., SC, € (D) 12,00

Relax – Linien nachfahren & entspannen
ISBN 978-3-7358-8104-5
104 S., SC, € (D) 12,99

Relax Blumen – Linien nachfahren u. entspannen
ISBN 978-3-7358-8089-5
112 S., SC, € (D) 12,99

Das Rückwärts-Ausmalbuch
ISBN 978-3-7724-4681-8
144 S., SC, € (D) 12,00

Das Rückwärts-Ausmalbuch | Botanical Art
ISBN 978-3-7358-8053-6
112 S., SC, € (D) 12,99

BEGINNE JEDEN TAG MIT EINEM *positiven* GEDANKEN UND EINEM *dankbaren* HERZEN.

MANCHMAL BRAUCHEN WIR

EINFACH NUR JEMANDEN

DER UNS SAGT: Egal,

WIR MACHEN DAS jetzt.

GENIESSE DEN Moment,
BEVOR ER ZUR
Erinnerung WIRD.

DAS Leben IST FÜR GUTE Freundschaften UND Abenteuer DA.

EINE Blume

MACHT SICH KEINE GEDANKEN,

OB SIE MIT DER BLUME

NEBEN IHR MITHALTEN KANN.

SIE blüht EINFACH.

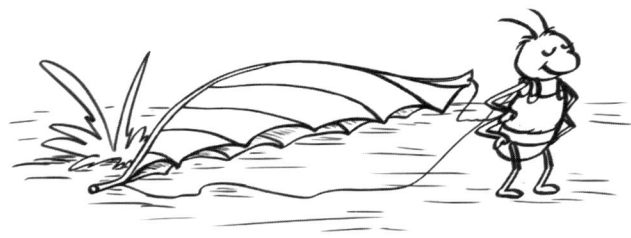

FOLGE DEINEN

Träumen,

SIE KENNEN DEN Weg.

Sommer

NIEMAND WEISS, WAS DAS *Leben* BRINGT, ABER IRGENDWANN SCHUBST ES DICH INS *Abenteuer!*

Lachen ist die schönste Sprache der Welt.

MIT DER *Sonne*

IM RÜCKEN IST KEIN

Weg ZU WEIT.

Alles,

WAS WIR SIND, ENTSTEHT

AUS UNSEREN

Gedanken.

Buddha

DAS SCHÖNSTE

Geschenk

IST GEMEINSAME Zeit.

EINEM Menschen ZU HELFEN MAG NICHT DIE GANZE WELT VERÄNDERN, ABER ES KANN DIE Welt FÜR DIESEN EINEN MENSCHEN VERÄNDERN.

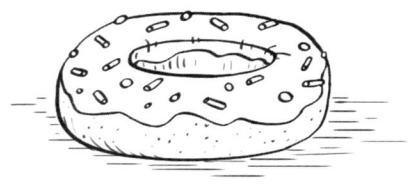

DIE SCHÖNSTEN Dinge

PASSIEREN UNERWARTET.

Sonne
IST DIE BESTE
Medizin.

DER Sinn

DES LEBENS IST ES,

DEM Leben

EINEN SINN ZU GEBEN.

TUE HEUTE ETWAS,

WORAUF DU MORGEN

stolz SEIN KANNST.

DAS *Leben*
IST ZU KURZ, UM SICH MIT
Kleinigkeiten
ZU BELASTEN.

DAS LEBEN IST WIE EIN *Buch.*

JEDER TAG IST EINE NEUE *Seite* UND ES LIEGT

AN DIR, WIE DU SIE FÜLLST.

Herbst

Freunde

SIND MENSCHEN, DIE

DIR NICHT DEN Weg

ZEIGEN, SONDERN IHN

EINFACH MIT DIR GEHEN.

DIE SCHÖNSTE ZEIT IM LEBEN SIND

DIE KLEINEN Momente,

IN DENEN DU SPÜRST, DU BIST

ZUR RICHTIGEN ZEIT AM RICHTIGEN

Ort.

Gelassenheit

KANN MAN LERNEN.

Freundschaft,

DAS IST WIE

Heimat.

Kurt Tucholsky

DEIN GRÖSSTER

Reichtum

IST DEINE INNERE Freude.

DIE BESTEN Tage

SIND DIE, AN DENEN DU NICHTS

GESCHAFFT HAST, AUSSER DIR

Zeit

ZU NEHMEN.

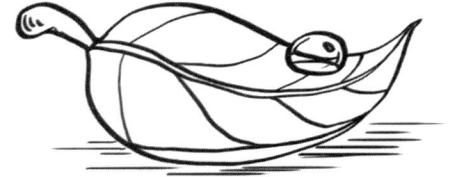

Winter

ES GEHT NICHT DARUM, DEM

Leben

MEHR TAGE ZU GEBEN,

SONDERN DEN *Tagen*

MEHR LEBEN.

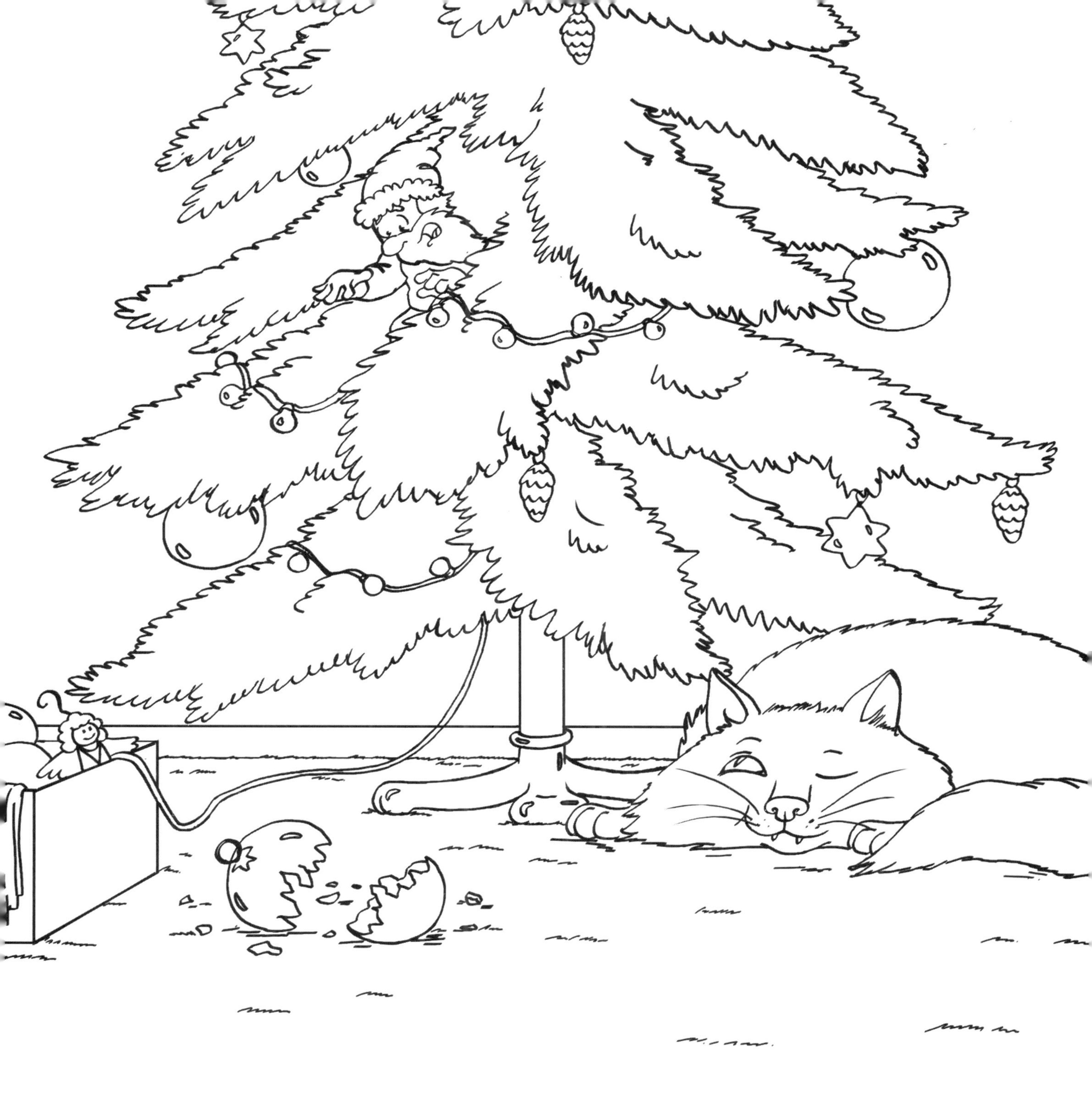

Freunde

KANN MAN NICHT KAUFEN,

SIE SIND EIN

Geschenk.

Abenteuer

BEGINNEN DA, WO

Pläne

ENDEN.

Weihnachten

IST, WENN IN LANGEN DUNKLEN

NÄCHTEN EIN *Licht*

DIE WELT ERHELLT.

GLÜCKLICH IST, WER SICH BEI

Sonnenuntergang

AUF DIE Sterne FREUT.

NIMM DIR *Zeit*

UND VERSCHWENDE SIE

MIT TOLLEN

Momenten.

WIR *vergessen*

VIEL ZU OFT, WAS WIR SCHON

geschafft HABEN.

ES GEHT NICHT DARUM *was*

UNTER DEM WEIHNACHTSBAUM

LIEGT, SONDERN WER

drum rum

STEHT.

ICH WERDE

Weihnachten

IN MEINEM HERZEN *ehren*

UND VERSUCHEN, ES DAS

GANZE JAHR HINDURCH

AUFZUHEBEN.

Charles Dickens

Impressum

Illustrationen: Sonja Knyssok
Produktmanagement und Lektorat: Seline Gwinn
Coverlayout: Eva Hook
Herstellung: Jessica Siebert
Satz: tebitron gmbh, Gerlingen
Druck und Bindung: Drukarnia Interak Sp. z o.o.

1. Auflage 2024
© 2024 frechverlag GmbH, Dieselstr. 5, 70839 Gerlingen, einem Unternehmen der Penguin Random House Verlagsgruppe GmbH, München
ISBN: 978-3-7358-8127-4 Best.-Nr. 28127

MIX
Papier | Fördert
gute Waldnutzung
FSC® C015559

Penguin Random House
Verlagsgruppe
FSC® N001967